Caen
2 août 1853

Exemplaire de
Beurdeley père

Catalogue

D'UNE COLLECTION

DE

TABLEAUX

ANCIENS,

DES ÉCOLES FRANÇAISE, ALLEMANDE & HOLLANDAISE.

Gouaches, Miniatures, Fixés, Grisailles, Emaux, Peintures sur porcelaine; Porcelaines d'ancien Sèvres, de Saxe, de Chine et du Japon; Tabatières et Vernis-Martin avec médaillons; Terres cuites, Ivoires, Mosaïques, Biscuits, Pierres gravées, Camées, Boîtes, Bronzes anciens, Marbres, Albâtres, Sardoines et Pierres diverses de couleur; Meubles en bois d'ébène et de rose; Dorures, Pendules, Glaces de Venise, Armes et Armures, et autres Objets d'art ou de curiosités;

Médailles antiques en or, argent et bronze (grecques, romaines et françaises);

Belle collection de Coquilles;

Bordures en bois sculpté;

Composant le Cabinet de M. SAINT-GERMAIN,

Dont la vente se fera aux enchères publiques, à *CAEN*, *rue du Moulin*, *8*, domicile où sont déposés les objets à vendre,

Les MARDI 2 AOUT 1853 et JOURS SUIVANTS, sans interruption, à midi précis,

Par le ministère de Me BRIÈRE, Commissaire-priseur à Caen, rue Neuve-Saint-Jean, 17;

Assisté de M. PLANSON, peintre, restaurateur des Tableaux des Musées impériaux, rue Duphot, 10, à Paris.

EXPOSITION PUBLIQUE

Les 30, 31 Juillet et 1er Août 1853, de midi à cinq heures.

AVERTISSEMENT.

Nous invitons MM. les Amateurs et Artistes à venir visiter ce beau Cabinet ; les objets qui le composent se recommandent par leur variété, leur richesse et leur bonne conservation. Jusqu'à ce jour aucune collection, aussi remarquable, n'avait été mise en vente publique dans la ville de Caen.

La grande fraîcheur des dorures et accessoires évitera aux acquéreurs toute dépense de restauration ou d'appropriation.

CONDITIONS DE LA VENTE.

Aucun objet mis en vente et surenchéri ne sera retiré; un crédit de trois mois sera accordé aux personnes connues pour les objets dont le prix dépassera cent francs.

Les adjudicataires devront payer, pour tous frais, dix pour cent sur leur prix d'acquisition, et au crieur, dix centimes par article.

Pour prendre connaissance du Catalogue ou obtenir des renseignements plus particuliers sur la vente, on pourra s'adresser :

A CAEN :

Chez MM. BRIÈRE, Commissaire-priseur ;
DENIS, marchand de meubles, curiosités et objets d'art, place de la Poissonnerie, 13 ;
SEVESTRE, agréé, rue de Geôle, 58 ;
VILLENEUVE, libraire, passage Bellivet ;
Mlle GOUJON, Cabinet de lecture, même passage ;
Au domicile du vendeur, rue du Moulin, 8.

A PARIS :

Chez M. PLANSON, rue Duphot, 10, ou rue du Dauphin, 2.

DÉSIGNATION.

ÉCOLE FRANÇAISE.

BOUCHER, François (Genre de).

1. Enlèvement d'Europe.
(Toile.)

2. Enlèvement de Déjanire.
(Toile.)

DEMARNE (Attribué à).

3. Bestiaux dans un paturage.
(Bois.)

DUPLESSIS (Signé).

4. Marche d'un convoi.
(Bois).

5. Soldats campés près d'un village.
(Bois.)

BOURDON, Sébastien (Attribué à).

6. Sainte famille.
(Bois.)

GREUZE (D'après).

7. Une Bacchante (attribuée à Mlle Ledoux).
(Bois.)

8. Intérieur, où l'on voit une mère et sa fille.
(Bois.)

LARGILLIÈRE.

9. Portrait d'une dame de la cour, sous Louis XIV.
(Toile.)

LE CŒUR.

10. Intérieur de forêt.
(Toile.)

LEPICIER.

11. Jeune fille ayant à son corsage un bouquet de bluets.
(Toile.)

MAINIER, Louis (Signé).

12. Un taureau et une vache dans un paturage.
(Toile.)

MIGNARD.

13. L'Enfant Jesus.
(Bois.)

14. Portrait d'une dame de la famille de Montmorency.
(Bois.)

MALBRANCHE.

15. Un hiver *(des patineurs)*. — L'une des plus jolies compositions de ce peintre.
(Toile.)

STELLA, Jacques.

16. Saint Jean-Baptiste, grande finesse d'exécution.
(Agathe).

17. Sainte Agathe tenant dans la main un goupillon.
(Albâtre.)

WERMULLER (Signé. — A Paris, 1789).

18. L'Enfant royal. — Portrait en pied présumé de Louis XVII, vêtu d'un riche costume de satin; il tient un fouet d'une main, de l'autre traîne un chariot rempli de fleurs; le fond représente un paysage.
(Toile.)

INCONNU.

19. Portrait de Robert Lefevre.
(Toile.)

BLIN DE FONTENAY.

19 *bis*. Deux pendants représentant des médaillons entourés de guirlandes de fleurs, d'oiseaux et d'écureuils.
(Toile.)

ÉCOLES FLAMANDE, ALLEMANDE ET HOLLANDAISE.

MOMERS, Henri.

20. Sous un riche portique, se reposent des bergers auprès de leurs troupeaux.
(Toile.)

LE ROY DE BRUXELLES.

21. PAYSAGE, avec figures et animaux.
(Toile.)

PETERS, Bonaventure.

22. MARINE.
(Bois.)

CLARA (Signé).

23. BOUQUET DE FLEURS DANS UN VASE DE CRISTAL. — Ce joli tableau est donné à Breughel de Velours, quoique signé de Clara ; celle-ci pourrait être une de ses parentes.
(Cuivre.)

RUISDAEL, Jacques (D'après).

24. PAYSAGE. — Effet de soleil.
(Bois.)

FRANCK, François.

25. L'ENFANT PRODIGUE.
(Cuivre.)

VAN BLOEMEN.

26. MARCHÉ AUX CHEVAUX DANS UN FAUBOURG DE ROME. — Sur le devant, un cheval qui se cabre, retenu par des hommes.
(Toile.)

NOLBKINS.

27. PAYSAGE. — Marine.
28. Même sujet, pendant du précédent. — Compositions dans le goût de Bout et Boudewyns.
(Bois.)

ASSELIN (Genre de).

29. PAYSAGE MONTAGNEUX, avec figures.
(Bois.)

INCONNU.

30. CLAIR DE LUNE, avec figures.
(Bois.)

ISAAC OSTADE (D'après).

31. LE DÉPART POUR LE MARCHÉ.
(Toile.)

32. LE RETOUR.
(Toile.)

MOLENAERT.

33. INTÉRIEUR HOLLANDAIS. — Une femme est assise auprès d'une table sur laquelle sont un sac et de l'argent; elle invite un cavalier à se rafraîchir.
(Bois.)

NETSCHER (D'après).

34. Dans un jardin une dame est assise près d'une balustrade où un jeune enfant fait des bulles de savon.
(Bois.)

MICHAU.

35. PAYSAGE. — Sur le premier plan plusieurs charrettes; plus loin un moulin à vent.
(Cuivre.)

REMBRANDT (Genre de).

36. TÊTE DE VIEILLARD. — Belle étude.
(Toile.)

MOLENAERT (Signé—1670).

37. GROUPE DE PÊCHEURS AU BORD DE LA MER.
(Bois.)

BROUWER, Adrien.

38. INTÉRIEUR FLAMAND. — Scène de buveurs.
(Bois.)

TENIERS (D'après).

39. Paysage où l'on voit un pâtre assis avec une femme, jouant de la flûte ; près de lui sont des moutons.
(Toile.)

MEURAND, Emmanuel.

40. Paysage, avec figures.
(Bois.)

TENIERS (D'après).

41. Intérieur. — Les joueurs de cartes.
42. Même sujet.
(Bois.)

BARINT GAAL (Signé).

43. Des cavaliers se rafraichissant a la porte d'une hôtellerie.
(Bois.)

44. Halte d'un convoi. — Ces deux charmants tableaux méritent une attention particulière. Ils font pendant.
(Bois.)

MOLENAERT.

45. Intérieur d'un village flamand.—On distingue sur le devant plusieurs personnages, dont l'un est à cheval.
(Bois.)

BERGHEM, Nicolas (D'après).

46. Bestiaux a l'abreuvoir, auprès de belles ruines.
(Toile.)

SCHUT CORNEILLE.

47. Vue des bords du Rhin. — Paysage orné de figures.
(Toile.)

INCONNU.

48. Portrait d'une dame hollandaise a différents ages.
(Bois.)

VANDER POEL (Signé en 1662).

49. Clair de lune. — Des pêcheurs, de retour de la pêche,

sont occupés à décharger leur barque. Une éclaircie fait apercevoir un site entrecoupé de rochers.

(Bois.)

STEEN, Jean (Signé).

50. Intérieur hollandais. — Une femme s'est emparée de la bourse d'un homme, qui est étendu ivre.

(Bois.)

BERGHEM (D'après).

51. Passage du bac.

(Bois.)

WOUWERMANS (D'après).

52. Halte de cavaliers.

(Bois.)

TENIERS (D'après).

53. Les misères de la guerre.

(Toile.)

PHILIPPE DE CHAMPAIGNE.

54. Portrait d'un cardinal. — Tableau remarquable.

(Toile.)

MICHAU.

55. Attaque d'un convoi.

(Bois.)

JEAN HOLBEIN (Signé—1550).

56. Portrait d'un vieillard, vêtu d'un costume garni de fourrure.

(Bois.)

DOYEN, Prosper (Signé—1543).

57. La Vierge, assise sur un fauteuil doré, tient sur ses genoux l'Enfant Jésus; dans sa main droite est la boule du monde surmontée d'une croix; une guirlande de fleurs et de fruits entoure cette gracieuse composition.

(Bois).

BRAMER, Léonard.

58. Philosophe dans son cabinet.
(Bois.)

SLINGELANDT (D'après).

59. Un jeune homme, dans l'embrasure d'une croisée, tient un verre à la main.
(Cuivre.)

GONZALES COQUES.

60. Portrait du peintre peint par lui-même.
(Cuivre.)

REMBRANDT (Ecole de).

61. Vieillard lisant un manuscrit.
(Bois.)

BOUT et BOUDEWYNS.

62. Le départ pour le marché.

63. Le retour. — Pendant du précédent.

Ces deux paysages sont remarquables par leur jolie composition.
(Bois.)

S. MIREVELT (Signé—1631).

64. Deux médaillons : le premier représente Jacques Artevel, brasseur du roi de Nassau, et l'autre la femme de ce brasseur.
(Cuivre.)

ROTTENHAMER.

65. L'Annonciation.
(Cuivre.)

LUCATELLI (Ecole italienne).

66. Paysage, avec figures.
(Bois.)

67. Paysage, avec figures. — Pendant du précédent.
(Bois.)

GUILLAUME DE HEUS.

68. PAYSAGE. — Bestiaux au pâturage dans un site montueux. — Orné de figures.
(Bois.)

VANKESSEL.

69. POISSONS ET COQUILLAGES.
(Bois.)

FRANCK, François.

70. L'ADORATION DES MAGES.
(Cuivre.)

PROCACCINI, Jules-César (Ecole italienne).

71. SAINT ROCH, distribuant des aumônes aux pauvres.
(Cuivre.)

WOUWERMANS (D'après).

72. DÉPART POUR LA CHASSE AU FAUCON.
(Toile)

VANKESSEL.

73. GROUPE DE FLEURS posé sur une table.
(Bois.)

BEGA CORNEILLE (Signé—1652).

74. INTÉRIEUR HOLLANDAIS.
(Bois.)

RUYSDAEL, Salomon.

75. PAYSAGE. — Marine.
(Bois.)

ALBANE.

76. DIANE, DE RETOUR DE LA CHASSE.
(Albâtre.)

MOLYN, Pierre de (Signé—1632).

77. PAYSAGE. — Effet de soleil.
(Bois.)

FRANCK, François.

78. Adoration des Mages.
(Cuivre.)

79. Sainte famille.
(Cuivre.)

80. La Samaritaine.
(Cuivre.)

81. La Madeleine repentante.
(Cuivre.)

BRAKEMBURG.

82. Intérieur hollandais. — Le *Benedicite.*
(Bois.)

REMBRANDT (Signé—1654).

83. Un Philosophe.—Ce tableau faisait partie de la galerie de l'archevêque de Cambrai.
(Bois.)

OSTADE, Isaac.

84. Conversation de paysans auprès d'une maison rustique.
(Bois.)

NEEFS, Péeter.

85. Intérieur d'église, avec figures.
(Bois.)

BREUGHEL (Genre de).

86. Paysage, avec figures. — Un pont sur une rivière.
(Bois.)

FRANCK, François.

87. L'Éducation de la Vierge.

INCONNU.

88. Intérieur, où l'on voit un homme assis dans son cabinet.
(Cuivre.)

89. Intérieur d'atelier.
(Cuivre.)

TENIERS, David (D'après).

90. Alchimiste dans son laboratoire.
(Toile.)

WEENIX, Jean.

91. Un jeune homme dépose du gibier sur une table, auprès de laquelle est suspendu un coq.
(Toile.)

FYT, Jean.

92. Oiseaux et gibier de toute espèce, déposés dans des paniers.
(Toile.)

P. SCHALANES (Signé).

93. Nature morte sur une table.
(Bois.)

INCONNU.

94. Des pélerins.
(Bois.)

INCONNU.

95. Quatre panneaux représentant différents sujets de Guillaume-le-Conquérant.

GOUACHES.

96. La toilette de Vénus (D'après l'Albane).
97. Jésus couché sur la croix (D'après Le Guide).
98. Portrait de la femme du sculpteur Desjardins.
99. Bouquet de fleurs dans un vase bleu.
100. Portrait d'une dame de la famille de Montmorency (D'après Mignard, d'Avignon).
101. Sujet tiré de la Mythologie.
102. Flore, Cérès et Pomone (D'après le Poussin).
103. Jésus servi par les Anges (D'après l'Albane).
104. Sacrifice d'Iphigénie, en Tauride.
105. La blanchisseuse (D'après Greuze).
106. Vénus et Adonis (D'après l'Albane).

107. Sous ce numéro, sont portées cinq Gouaches : L'Annonciation; la Conception; l'Adoration des bergers; la Présentation au temple, et la Circoncision.

108. Noé sous sa tente.

109. Saint Jean-Baptiste.

110. La prédication.

111. L'Empereur de la Chine sur son trône. Dans la salle l'on voit des mandarins et des soldats.—Cette Gouache est admirable. (Encadrement en écaille, avec ornement en cuivre doré.)

Douze sujets Napolitains.

112. Le mangeur de macaroni.

113. Une fileuse de Chiage.

114. Costume des femmes de Sainte-Lucie.

115. *Id.* de Naples.

116. *Id.* de la Tour grecque.

117. *Id.* de Gaëte.

118. Pêcheurs de Sainte-Lucie.

119. Une Marchande.

120. Le marchand de sorbets.

121. Moine de l'abbaye de Saint-Antoine.

122. Moine quêteur.

123. Costume d'un Miquelet.

124. Roland et Armide.

125. L'Annonciation et la Samaritaine. — Deux tableaux faisant pendant.

126. Paysage.

127. Jesus-Christ retiré dans le désert.

128. Vue de Venise.

129. Venus et l'Amour.

130. Les couches de la Vierge.

131. SAINT LOUIS en prière.
132. MUCIUS-SCÆVOLA.
133. JOSUÉ arrêtant le soleil. — D'après Raphaël.
134. JOSEPH reconnait ses frères. — D'après le même.
Ces deux Gouaches sont fort belles ; elles faisaient partie de la galerie de Charles, duc de Berry, petit-fils de Louis XIV.
135. PORTRAIT D'UN MAGISTRAT. — D'après Rigaud.
136. LA JEUNE FILLE A LA CAGE. — D'après Greuze. (Sur vélin.)
137. UN ENFANT COUCHÉ.
138. PORTRAIT D'UNE JEUNE FILLE caressant un petit singe.
139. ANNE DE BOLEYN.
140. FRANÇOIS Ier.
141. LOUIS XV.
142. PORTRAIT D'UNE DAME, sous Louis XVI.
143. INTÉRIEUR HOLLANDAIS. (D'après Teniers).
144. DIANE CHASSERESSE.
145. DEUX SUJETS faisant pendant, représentant des bergères gardant leurs troupeaux.
146. LE MARÉCHAL D'HARCOURT.
147. JEUNE FILLE en jardinière.
148. Mme DE LAVALLIÈRE.
149. LES JOUEURS DE CARTES. (D'après Teniers).
150. PORTRAIT D'UN HOMME en tunique violette.
151. LES APPRÊTS DE LA TOILETTE.
152. PORTRAIT D'UNE FEMME du siècle de Henri IV.
153. AGAR renvoyée par Abraham.
154. MINERVE apparaît à un homme tressant des paniers.
155. PORTRAIT DE LA DUCHESSE DE BOURGOGNE.

MINIATURES. — FIXÉS ET GRISAILLES.

156. L'ENFANT JESUS assis sur un coussin de velours.
157. SAINT BARNABÉ. (Peinture à l'huile.)
158. DANSE VILLAGEOISE — D'après Teniers. (Fixé.)
159. PORTRAIT DE LE KAIN dans le costume d'africain. — Par Villain.
160. PORTRAIT D'HOMME du siècle de Louis XIV. — Par Largillière. (Peinture à l'huile sur cuivre.)
161. GROUPE D'OISEAUX. (Vernis-Martin.)
162. DEUX PERSONNAGES. (Cuivre.) } Par Clinchetel.
163. Mlle DE FONTANGE en Diane chasseresse. (Ivoire.) } Par Clinchetel.
164. LA COLLATION. (Ivoire.) } Par Clinchetel.
165. LA MARCHANDE DE GATEAUX. (Huile.) } D'après Teniers.
166. DANSE VILLAGEOISE. (Fixé.) } D'après Teniers.
167. Même sujet. (Fixé.) } D'après Teniers.
168. LES AMOURS CAPTIFS. (Grisaille.)
169. PORTRAIT à l'huile DE FRÉDÉRIC, roi de Prusse, à cheval. (Incrustations or et acier.) (Nacre.)
170. PORTRAIT D'UN ABBÉ. (Cercle en argent.)
171. PAYSAGE avec architecture. (Fixé.)
172. PAYSAGE. (Grisaille.)
173. PORTRAIT D'UNE JEUNE FEMME. — Costume Louis XV.
174. DEUX PENDANTS, représentant : l'un la Peinture, et l'autre des Enfants jouant. (Peinture à l'huile, d'après Vanloo.)
175. DES BUVEURS. (Peinture à l'huile, d'après Teniers.)
176. PORTRAIT D'UN JEUNE HOMME.
177. PORTRAIT D'UN HOMME A CHEVEUX BLANCS.
178. PORTRAIT D'UN VIEILLARD.
179. PORTRAIT DE Mme ROLAND. (Ivoire.)

180. PORTRAIT DE LA PRINCESSE MARIE-AMÉLIE, fille de Ferdinand Ier, roi des Deux-Siciles.
(Ivoire.)

181. PORTRAIT DE SNAYE. (Par Demarne.—Signé.)

182. PAYSAGE, avec animaux. (Huile.)

183. ATTAQUE DE CAVALERIE. (Fixé.)

184. PAYSAGE, avec figures. (Fixé.)

185. CHARGE DE CAVALERIE. (Fixé.)

186. PORTRAIT DE L'IMPÉRATRICE MARIE-LOUISE.

187. PORTRAIT D'UNE JEUNE FEMME, sous Louis XV.

188. DES ENFANTS dans un paysage. (Huile.)

189. PORTRAIT DE Mme DUBARRY.

190. PORTRAIT DE CHABOT, ancien membre de la Convention.

191. PORTRAIT DE M. ET Mme LAMETH. (Deux pendants.)

192. PORTRAIT D'UNE JEUNE FILLE, couronnée de roses, tenant un pot de fleurs. —Cette miniature est digne de remarque.
(Ivoire.)

193. PORTRAIT D'UNE DAME, sous l'Empire.
(Ivoire.)

194. CHOC DE CAVALERIE. (Huile.)

195. PORTRAIT DE MISS HOLLAND.

196. PORTRAIT D'UNE FEMME du siècle de Louis XV.

197. DANSE VILLAGEOISE. (Huile.)

198. CHASSE AU SANGLIER dans une forêt. (Fixé.)

199. PAYSAGE représentant la moisson. (Fixé.—Par Michaud.)

200. UNE DAME, sous l'Empire. (Robert Lefèvre.)

201. ENFANCE DE PAUL ET VIRGINIE.

202. PORTRAIT D'HOMME, vêtu de noir. (Huile.)

203. CHARMANT PORTRAIT D'UNE JEUNE FILLE, à sa toilette. (Greuze.)
(Ivoire.)

204. PORTRAIT DE Mme RÉCAMIER.
(Ivoire.)

205. MARINE. (Fixé.)

206. PORTRAIT D'UNE FEMME, se couvrant de son voile. (Siècle de Louis XIV.—Huile.)

207. PORTRAIT D'UNE DAME, richement vêtue. (Même siècle. — Huile.)

208. LA PRINCESSE DE LAMBALLE.

209. GROUPE D'ENFANTS, dans un paysage. (Fixé.)

210. PORTRAIT D'HOMME, portant le Cordon-Rouge. (Siècle de Louis XIV. — Peinture à l'huile.)

211. LE DUC DE MONMOUTH. (Du même siècle.)
(Ivoire.)

212. PIERRE-LE-GRAND.

213. PORTRAIT DE CATHERINE BREUGHEL. (Peinture à l'huile, par Mignard d'Avignon.)
(Cuivre.)

214. PORTRAIT DE CHICOT, médecin de Louis XIII. (Huile.)
(Argent.)

215. PORTRAIT DE PORBUS. (Mirevelt.)
(Cuivre.)

216. DEUX PENDANTS, représentant le Sauveur et la Vierge. (Franck.)
(Cuivre.)

217. LA VIERGE A LA CHAISE. (D'après Raphaël. — Fribourg.)

218. DEUX PENDANTS, représentant deux Pastorales. (Huile.)

219. AUGUSTE ET LIVIE. (Huile.)

220. PORTRAIT D'UNE DAME. (Siècle de Louis XVI.)
(Ivoire.)

221. LE DUC DE GUISE. (Huile.)

222. UNE FEMME, sous l'Empire.
(Ivoire.)

223. DEUX PENDANTS, représentant des intérieurs hollandais. (D'après Teniers. — Fixé.)

224. PORTRAIT DE MURAT, roi de Naples.
(Cuivre.)

225. PORTRAIT DE FEMME du siècle de Louis XVI.
(Ivoire.)

226. MARINE. (Fixé.)

227. PORTRAIT D'UNE DAME.
(Ivoire.)

228. JUPITER ET LÉDA. — Miniature très-remarquable.
(Ivoire.)

229. Le Sauveur.
(Ivoire.)

230. Paysage où l'on voit une marine.

231. La Vierge et l'Enfant Jésus. } (Huile.)

232. Portrait d'une dame du siècle de Louis XIII. } (Huile.)
(Argent.)

233. Portrait d'un jeune homme. (Siècle de Louis XV.)
(Nacre.)

233 *bis*. Portrait d'une dame, même siècle. — Encadré dans un cercle en argent, entouré de stras.

234. Une tête d'après l'antique, imitant le bronze.
(Albâtre.)

235. Six médaillons, représentant des muses, posés dans un cadre noir, bordé de cuivre doré. (Huile.)
(Albâtre.)

ÉMAUX ANCIENS ET MODERNES.

236. Sainte Famille.

237. Deux pendants : le premier représente le dédain de la fortune, et l'autre l'amour de l'or.

238. Attributs de la musique.

239. La Madeleine.

240. L'Enfant Jésus, entouré d'anges, tient la boule du monde.

241. L'Adoration des Mages.

242. Jésus-Christ, trahi par Judas.

243. Le Jugement dernier.

244. La Manne, tombant dans le désert.

245. Sainte Thérèse. — Relique.
(Argent.)

246. Suzanne, au bain.

247. Trois pendants : le premier représente une marine turque ; le second un paysage marine ; et le troisième des cavaliers attaqués dans une embuscade.

248. Sainte Famille.
249. L'Annonciation.
250. Une Pastorale.
251. Un Blason.
252. Louis XIV.
253. Anne d'Autriche.
254. Tibère.
255. Otho.
256. Huit Portraits des Césars.
257. Pie VII.
258. Portrait d'une dame, coiffée d'un panache blanc. (Siècle de Louis XV.)
259. Saint François de Salles.
260. Une femme. (Siècle de Louis XVI.)
261. Portrait de Napoléon Ier.
262. *Idem* d'un Vieillard. (Siècle de Louis XVI.)
263. Une femme, portant le costume suisse.
264. Minerve, avec ses attributs.
265. Deux boutons, avec figures en pied.
266. Deux *idem*, avec portraits.
267. Deux figures, fond jaune.
268. Un chasseur et une femme couchée.
269. Saint Paul.
270. Un archevêque.
271. Paysage où l'on voit la philosophie; Minerve, déesse de la Sagesse, et Ninifo, la Volupté. — Cet émail est sur une plaque d'or, ce qu'il faudra vérifier.
272. Saint François-Xavier.
273. La Sainte Vierge.
274. Saint François de Salles.
275. *Ecce Homo.*
276. Le Christ en croix.
277. Saint Jean-Baptiste.

278. L'Enfant Jésus et saint Benoit.
279. La Vierge au pied de la croix.
280. La Résurrection.
281. Saint Jacob.
282. Saint Mathias.
283. L'Annonciation.
284. Une belle Salière représentant : Adam et Eve ; — Dalila, coupant les cheveux de Samson ; — Saint Paul que l'on descend par une fenêtre ; — Jahel, femme d'Haber Cinéen, enfonçant un clou dans la tempe de Sisara ; — Adoration du Veau-d'Or ; — Buste d'un prince italien et d'une italienne.

Ces cinq derniers émaux méritent une attention toute particulière.

285. Une Râpe, époque de Louis XIV, représentant Vénus.

PEINTURES SUR PORCELAINE.

286. Deux Pendants, représentant deux femmes du siècle de Louis XIV.
287. Deux *idem*, *idem*, du siècle de Louis XV.
288. Pastorale.
289. Quatre Grisailles, représentant des sujets de la Mythologie.
290. Sacrifice a l'Amour. — Médaillon en acier.
291. Une Grisaille, représentant des sujets de la Mythologie.
292. *Idem*, *idem*.
293. Charlotte Corday.
294. Des enfants déposent des fleurs sur un tombeau.
295. Cinq crochets. — Dessins variés.
295 *bis*. Portrait de la mère de l'empereur Napoléon Ier, peint sur porcelaine de la manufacture de Sèvres, par Georget. — Signé.

PORCELAINES DE CHINE ET DU JAPON.

296. Deux Potiches, ornées de peintures chinoises, montées sur cuivre doré.
297. Deux Vases, forme égyptienne, *idem*.
298. Deux petits Vases chinois, *idem*.
299. Deux autres *idem*, *idem*.
300. Une grande Potiche, sujet chinois, *idem*.
301. Vase indien, dessin bleu, *idem*.
302. Deux Bouteilles Japon, dessin bleu, *idem*.
303. Deux Cornets chinois, *idem*, *idem*.
304. Deux Potiches *idem*, *idem*.
305. Vase de Chine, fond blanc, *idem*.
306. Deux Bouteilles, avec anses, fond vert.
307. Deux Tasses, montées.
308. Quatre Soucoupes Chine, *idem*.
309. Une Théière Japon.
310. Pot au lait *idem*.
311. Tasse et Soucoupe *idem*.
312. Un Bol et Soucoupe *idem*.
313. Un Sucrier *idem*.
314. Un *idem*, à fleurs bleues, *idem*.
315. Une belle Soupière et son Couvercle *idem*.
316. Un Plat *idem*.
317. Un *idem*, dessin bleu, *idem*.
318. Soucoupe émaillée, montée sur un petit pot chinois.
319. Huit Assiettes Japon.
320. Cinq *idem*, *idem*.
321. Huit *idem*, *idem*.
322. Deux Compotiers *idem*.
323. Un *idem*, *idem*.
324. Deux *idem*, *idem*.

325. Deux grands Plats Japon.
326. Un autre *idem*, *idem*.
327. Un autre *idem*, *idem*.
328. Un Saladier *idem*.
329. Trois grands Plats, fleurs bleues, Japon.
330. Deux Bols émaillés, montés en cuivre doré, *idem*.
331. Deux Tasses et leurs couvercles, *idem*, *idem*.
332. Trois petites Potiches, sans couvercles, *idem*, *idem*.
333. Deux Coquilles émaillées, genre italien.
334. Deux Cruchons anglais, à bec d'aigle, couleur jaspée, couvercles en étain.

PORCELAINE DE SAXE.

335. Deux Compotiers.
336. Une belle Tasse à lait, avec sa soucoupe et son couvercle.
337. Deux autres *idem*, *idem*.
338. Une Théière, sur laquelle il y a deux Paysages marins.
339. Six Figurines en pied, représentant les Quatre-Saisons et deux petites marchandes de poissons.
340. Deux Figurines, représentant deux soldats allemands.
341. Quatre Groupes d'enfants, faisant de la musique.
342. Deux Groupes.—CÉRÈS ET VÉNUS.
343. Cinq Groupes, représentant les Muses.—Ces groupes sont montés en cuivre doré.
344. UNE BOUQUETIÈRE, figurine.
345. JEUNE ENFANT ET SON CHIEN, *idem*.
346. VÉNUS ET L'AMOUR, *idem*.
347. CYBÈLE, *idem*.
348. HERCULE, terrassant le taureau.
349. Groupe, représentant Bacchus et Silène.

350. Groupe, représentant l'Amour médecin.
351. Deux Tasses et leurs soucoupes.
352. Un chalet.
353. Deux brillantes Assiettes en relief, avec dorures.

PORCELAINE DE SÈVRES.

354. Un beau Vase avec son couvercle. — Vieux Sèvres, pâte tendre, monté en cuivre doré.
355. Un *idem*, *idem*.
356. Une Soucoupe, bord bleu, montée en cuivre doré.
357. Une Tasse et sa soucoupe, ornée de deux médaillons représentant Louis XVI et Marie-Antoinette.
358. Une Tasse avec soucoupe et couvercle, fond blanc.
359. Un Pot à lait avec son couvercle et sa soucoupe.
360. Une Tasse et sa soucoupe.
361. Deux grands Pots, fond blanc.

TABATIÈRES ET VERNIS-MARTIN.

362. Une Tabatière en jaspe, montée en or.
363. Une Tabatière en lapis-Lazuli, sur laquelle il existe un médaillon en mosaïque, représentant Saint-Pierre-de-Rome. (Montée en or.)
364. Une Tabatière en vernis-Martin, doublée en écaille, avec médaillon représentant un paysage d'après Both, d'Italie.
365. Une Tabatière en vernis-Martin, montée en argent, avec un médaillon représentant une jeune femme.

366. Une Tabatière en vernis-Martin, avec un médaillon représentant une jeune femme. (Siècle de Louis XV.)

367. Une Tabatière en écaille, avec incrustations en argent et nacre.

368. Une Tabatière en ivoire, avec bas-relief représentant Diane et Actéon.

369. Une Tabatière en argent.

370. Une Tabatière en laque, forme ronde, avec un médaillon représentant des joueurs de dames.

371. Une Tabatière en cuivre ciselé.

372. Une Tabatière en écaille, avec médaillon intérieur représentant Colombine.

373. Une Bonbonnière en écaille, montée en or, avec ornements en acier.—Un médaillon représentant l'Amitié.

374. Une Bonbonnière en écaille, avec médaillon représentant l'Innocence.

375. Une Bonbonnière en porcelaine, avec ornements en cuivre doré, et cinq médaillons émaillés représentant des paysages.

376. Un Étui.—Vernis-Martin.

377. Une petite Boîte en ivoire, bordée en acier, avec deux médaillons en porcelaine de Sèvres.

378. Un Étui en ivoire, teint en rouge, sculpté de tous les côtés, représentant des Chinois.

379. Deux Vases en laque-Martin. — On y voit des combats de cavaliers.

380. Adoration des bergers. — Médaillon en cuivre. (Siècle de Louis XIV.)

381. Trois Médaillons en or moulu, sur un beau vernis noir, représentant trois portraits.

TERRES CUITES.

382. Vase, imitation d'Etrusque.
383. Une Bouteille avec anse, imitation de Bernard Palissy.
384. Un Plat ovale, *idem*.
385. Un petit Plat, *idem*.
386. Un grand Plat ovale, *idem*.
387. Un Plat, forme assiette, de Bernard Palissy.
388. Un Plat en faïence, fond blanc, avec les insignes de la Passion.
389. Deux Groupes (Chinoiserie).
390. Deux Beurriers, forme feuille de chou.
391. SAINT JÉRÔME, poterie italienne.
392. UN CHRIST, genre de Palissy, mis dans un cadre d'ébène.
393. SAINT MICHEL, imitation de Lucas della La Robia, *idem*.
394. UN SAINT ET UNE SAINTE, *idem*, *idem*.
395. UNE STATUETTE DE JUPITER.
396. Une Soupière et son Couvercle, représentant un chou.

IVOIRES.

397. BUSTE DE SAINT PIERRE.
398. PALLAS ET ARACHNÉ.
399. L'ADORATION DES BERGERS.
400. UN BLASON.
401. PORTRAIT DE M. DENON.
402. SCÈNE DE BUVEURS.
403. LA VIERGE ET L'ENFANT JESUS. — Monture en argent.
404. APOLLON PRÉCIPITANT PHAETON.
405. DEUX AMOURS.
406. UNE COLONNE torse, surmontée d'une sphère armillaire.

407. TABLEAU représentant une frégate et une chaloupe.

408. UN MARTYR. — Statuette avec socle en bois doré.

409. LA VIERGE ET L'ENFANT JÉSUS. — Statuette montée sur ivoire.

410. INTÉRIEUR d'église gothique, renfermé dans un cadre. — Une petite Vierge très-remarquable décore cet objet.

411. LE CHRIST portant sa Croix, renfermé dans un cadre.

412. LA VIERGE AU MÉDAILLON ; elle est couronnée de fleurs et entourée d'étoiles. — La sculpture est fort belle.

413. UNE CROIX sculptée, avec chaîne en argent.

414. SAINT JACQUES, pèlerin. — Statuette.

415. SAINTE MADELEINE. — *Idem.*

416. SAINTE GENEVIÈVE. — *Id.*

417. SAINT JEAN-L'EVANGÉLISTE. — *Id.*

418. SAINTE THÉRÈSE. — *Id.*

419. SAINTE IRÈNE. — *Id.*

420. SAINT MARC. — *Id.*

421. DEUX PAGES. — *Id.*

422. LA TERRE. — *Id.*

423. JEANNE-D'ARC. — *Id.*

424. NAPOLÉON Ier. — *Id.*

425. Une Râpe ornée d'une bergère. — *Id.*

426. Un Busc de femme, avec ornements gravés. (Siècle de Louis XIV.)

427. UNE VIERGE, en corail. — Statuette.

428. LA RÉSURRECTION. — Le bas-relief représente le Sacrement de l'Eucharistie.

429. LA SAINTE-COMMUNION. — Le bas-relief représente les Vertus Théologales.

430. QUATRE ALLÉGORIES représentant les quatre Éléments.

Ces six derniers objets sont remarquables par la richesse de la sculpture.

431. MINERVE, dont la tête et les extrémités sont en ivoire, les autres parties en coco. (Statuette.)

MOSAÏQUES.

432. Combat du Lion contre le Tigre.
433. Combat du Sanglier contre la Licorne.
434. Deux pendants. — Paysages avec figures.
435. Des Cerises.
436. Deux pendants, représentant une fleur.
437. Deux pendants, représentant un perroquet.
438. Un bijou attaché à sa chaîne d'or. — Cette mosaïque représente un cygne et deux colombes.
439. Portrait d'homme dans un cadre en bois. (Marqueterie.)
440. Cygne se baignant.

BISCUITS.

441. Vénus et l'Amour. — Statuette. } Pendants.
442. Diane chasseresse. — *Idem.* } Pendants.
443. Une Vestale. — *Idem.*
444. Flore. — *Idem.*
445. Deux groupes, le Printemps et l'Automne, faisant pendant.
446. Médaillon représentant un buste de femme, la tête ceinte d'une couronne de laurier.
447. Un autre, représentant une femme couronnée de pampres. (Cadre ébène.) — Signé Suffrey, en 1787.
448. Un autre, représentant Louis XV.

PIERRES GRAVÉES.

449. Mucius-Scævola. — Calcédoine.
450. Apollon, conduisant le char du Soleil. — Sardoine.

451. MINERVE. — Cornaline.
452. MINERVE. — Calcédoine.
453. UN BLASON. — Cornaline.
454. ALCIBIADE. — Agate.
455. BUSTE d'empereur romain. — Cornaline.
456. UN GRIFFON. — Pierre rose.
457. UNE TÊTE ANTIQUE. — Cornaline.
458. ULYSSE dans l'île de Naxos. — *Idem.*
459. L'ABONDANCE. — *Idem.*
460. GUERRIER ROMAIN, tenant dans sa main une statue de la Victoire. — Agate onyx.
461. SPARTACUS. — Sanguine.
462. PTOLÉMÉE. — *Idem.*
463. BUSTE d'une dame romaine. — Jaspe sanguin.
464. *Idem* d'un empereur romain. — (Marbre).
465. UN GUERRIER présentant une couronne. — Agate.
466. BUSTE ANTIQUE. — *Idem.*
467. LA FORCE. (Cachet.) — Jaspe.
468. BUSTE ANTIQUE, ceint de lauriers. (Cachet.) — *Idem.*
469. PÉGASE. — Cristal de roche.
470. BUSTE d'un vieillard. — Cornaline.
471. UN BLASON. — *Idem.*
472. BUSTE de Faustine. — *Idem.*
473. BUSTE de femme.
474. BUSTE d'homme. — Onyx.
475. BUSTE de femme. — *Idem.*
476. UN COEUR. — Cornaline.

CAMÉES ET OBJETS D'ART.

477. CAMÉE ORIENTAL ; tête de Néron. — Bague montée en or.
478. DIANE ET L'AMOUR. — *Idem.*

479. PORTRAIT D'HOMME. (Signé Geoffroy, 1782). Cornaline. — Bague montée en or.

480. BUSTE de femme. (Rubis.) — *Idem.*

481. BUSTE de femme. (Cornaline.) — *Idem.*

482. JANUS. (*Idem.*) — *Idem.*

483. UN SCARABÉE, signes cabalistiques. — Bague montée en or.

484. GRENAT. — *Idem.*

485. SAPHYR. — *Id.*

486. CLÉOPATRE. (Cornaline.)—Cachet en vermeil, surmonté d'une agate.

487. BUSTE D'HOMME. (Cornaline.)—Cachet en argent.

488. FAUSTINE. (Jaspe sanguin.)—Cachet monté en or.

489. BUSTE D'HOMME. (Agate.) — Cachet monté en or, surmonté d'une tête de nègre en onix oriental.

490. BUSTE D'HOMME. (Cornaline.)—Cachet monté en cuivre.

491. BUSTE D'HOMME. (Cristal.)—*Idem.*

492. Epingle en or, avec buste en onyx oriental.

493. Epingle en argent, montée en stras.

494. Epingle en or, avec un portrait de Henri IV.

495. Epingle en acier, avec une main gantelée.

496. Epingle en argent, avec papillon en pierres.

497. HOMÈRE. (Camée.)

498. BUSTE D'HOMME. (*Idem.*)

499. BUSTE DE FEMME, siècle de Louis XV.—Camée.

500. DIANE, conduisant son char. — Camée sur coquille.

501. LA DANSE DES AMOURS. — *Idem.*

502. ADIEUX D'HECTOR ET D'ANDROMAQUE. — *Id.*

503. UN CHAR tiré par des lions. — *Id.*

504. UNE FEMME, tenant une urne. — *Id.*

505. BUSTE D'HOMME. — *Id.*

506. BUSTE D'HOMME, avec des cheveux bouclés. — *Id.*

507. LA TOILETTE DE VÉNUS. (Dessus de peigne.) — *Id.*

508. LES TROIS GRACES. — *Id.*

509. Lot de sept Camées sur coquilles, déposés dans une soucoupe montée.

510. Une belle Coupe en agate orientale, montée en cuivre doré.

511. Neuf Bustes, collés sur deux coquilles de nacre.

512. Onze Bustes, collés sur un cadre en écaille.

513. Amulettes égyptiennes, mises dans un cadre en écaille, orné de cuivre doré.

514. Un beau Camée oriental, représentant la tête du satyre Marsyas, monté en or.

515. Trois Pierres dures : péridot oriental, rubis et topaze.

516. Six Boutons en stras.

517. Bague en argent, du temps des Croisades.

518. Une autre Bague en argent.

519. Deux Boutons de chemise en argent.

520. Porte-dé en argent. (Louis XV.)

521. Un Gobelet en argent.

522. Une Burette en argent. — Repoussé. (Louis XIV.)

523. Deux petits Flacons en argent, représentant deux figures.

524. Cœur en argent, avec figures.

525. Une Epingle en stras, montée sur argent.

526. 1° Une Montre en or guilloché de toutes les couleurs. — 2° Un Cachet en or, surmonté d'un Amour.—Une Clef en or, sous Louis XV.

527. Une belle Parure en stras, montée en argent ; composée : d'une Châtelaine ; d'un Collier, avec une croix ; d'un St-Esprit ; deux Pendants d'oreille ; une Epingle ; deux Crochets, et une Bague.

528. Une Epingle en stras, montée en argent ; une Bague et quatre Boutons.

529. Deux petites Couronnes en stras.

530. Une Montre, doublée en argent ; mouvement du temps de Charles XII, roi de Suède. Elle marche au moyen d'un balancier.

531. Une Montre en argent, à double boîte, avec sujet en repoussé.
532. Un Bracelet en cuivre doré.
533. Une paire de Boucles en stras, montées en argent.
534. Une autre paire de Boucles, *idem*.
535. Pierres en stras, montées en vermeil.
536. Pierres en stras, montées en argent.
537. Croix en stras, montée en or.
538. Saint-Esprit *idem*, monté en argent.
539. Cœur *idem*, monté en or.
540. Cœur en or, représentant Apollon et Daphné.
541. Une Croix en aventurine, attachée à une chaîne en or.
542. PORTRAIT DE FLÉCHIER, sur nacre.
543. Cuiller, Fourchette et Couteau en vermeil; manches en porcelaine émaillée. (Louis XV.)
544. Un Eventail, représentant un intérieur chinois, en laque et ivoire.
545. Un autre Eventail en ivoire, représentant une pastorale.
546. Ambre oriental, représentant la Cène.
547. Cadre en ambre oriental, entouré d'anges, avec légende.
548. Cinq bagues, or et argent.
549. Un médaillon en or, filigrane, avec tête de Christ émaillée.
550. Chaton d'une bague, montée sur or, avec opales et brillants.
551. Pintadine sculptée à l'intérieur, représentant un paysage d'après Teniers.
552. Deux Médaillons en nacre, représentant un homme et une femme. (Costume Louis XV.) — Encadrement en cuivre doré.
552 *bis*. Une Coquille sculptée, représentant un Fort.

BOITES.

553. Boîte Pompadour, garnie de cuivre doré.
554. *Idem*, avec incrustations, montée en cuivre doré.
555. *Idem*, *idem*, écaille et ivoire.
556. *Idem* de toilette, travaillée en paille, ornée de cuivre. (Louis XV.)
557. Un Encrier, avec ornements en cuivre doré. (Style Louis XIV.)
558. Coffre, avec compartiments, formant bureau.
559. Trois Socles en bois, avec de belles garnitures en cuivre doré.

BRONZES ANCIENS ET MODERNES. — STATUETTES ET BAS-RELIEFS EN CUIVRE DORÉ.

560. Deux Statuettes, bronze florentin, représentant un homme qui porte un ballot et un autre un panier.
561. Bas-Reliefs en bronze, représentant la décollation de saint Jean-Baptiste. — Cadre d'ébène.
562. Un autre *idem* : PERSÉE présentant la tête de Méduse.
563. LA FONTAINE D'AMOUR. — Bronze florentin. — Cadre doré.
564. BUSTE DE HENRI IV. — Bronze.
565. Bas-Relief en bronze, représentant le char du Soleil. — Cadre d'ébène.
566. Bas-Relief en bronze, représentant Apollon jouant du luth. — Cadre doré.
567. BUSTE DE Mlle MARS. — Bronze.
568. *Idem* DE HENRI IV, en cuivre doré. — Cadre rond.
569. Bas-Relief, représentant une sainte Famille. — Cuivre doré. — Cadre rond.
570. SAINT JEAN-BAPTISTE. — *Idem*. — Cadre doré.

571. LA VIERGE A LA CHAISE, en cuivre doré. — Cadre doré.
572. BUSTE DE NAPOLÉON Ier, en cuivre doré. — Cadre rond.
573. Montre-pendule, sous Louis XIII, ornée de quatre beaux médaillons en cuivre ciselé et doré.
574. Bougeoir Rocaille. — Cuivre doré.
575. Deux *idem*. — Cuivre doré.
576. Deux Chandeliers, soutenus par des Satyres, en cuivre doré et ciselé.
577. Deux Statuettes chinoises, en bronze.
578. BUSTES DE VOLTAIRE ET ROUSSEAU, en bronze, sur socles en marbre et cuivre doré.
579. Statuette en bronze, représentant un juif portant une boîte pour y déposer des bagues.
580. Statuette en bronze, représentant Vénus. — Ce bronze est digne de remarque.
581. Statuette en bronze, représentant Jupiter.
582. Statuette en bronze, représentant Hercule.
583. Deux Bustes en bronze, entourés d'une guirlande de fleurs. — Socle en marbre blanc, monté en cuivre.
584. Deux Chandeliers rocaille, représentant deux Amours. (Bronze.) — Socles en marbre blanc, montés en cuivre.
585. Statuette en bronze, représentant Notre-Seigneur.
586. Statuette en bronze, représentant la Vierge et l'Enfant Jésus.
587. Bronze représentant l'Orang-outang accroupi.
588. Bronze antique, représentant Saturne, Jupiter et Vulcain.
589. Statuette. (Le Gladiateur.) — Bronze.
590. *Idem*. (Une femme.) — *Idem*.
591. Cinq Divinités égyptiennes. — Bronze. Montées sur un socle en bois.
592. Lampe antique. — Bronze.
593. Burette. — Cuivre.
594. Petit Vase. — *Idem*.
595. Un Dauphin. — Bronze.
596. Statuette d'un Empereur romain. — Cuivre.

597. Buste. — Bronze.

598. Deux belles Coupes en bronze.

599. Statuette, représentant saint Pierre. — Cuivre parfaitement doré.

600. *Idem*, représentant saint Jacques. — *Idem*.

601. *Idem*, représentant Minerve. — *Idem*.

602. *Idem*, représentant un Empereur romain. — *Idem*.

603. Buste de Henri IV.

604. Deux Statuettes, représentant deux soldats romains. — Cuivre doré.

605. Deux Gladiateurs. (Statuettes.) — Cuivre doré.

606. Cadre en cuivre doré, représentant une chasse aux sangliers et différents sujets.

607. Fût de colonne, surmonté d'un Amour renfermé dans une rose. — Cuivre doré.

608. Louis XV distribuant des couronnes. — Statuette en cuivre doré, montée sur un socle en marbre noir.

609. Deux Statuettes, homme et femme assis. — Cuivre doré. — Socle en bois noir.

610. Deux Cassolettes en cuivre doré. — Socle en marbre.

611. Deux Chandeliers en cuivre doré. (Style Louis XIV.)

612. Un Gobelet avec son couvercle, en cuivre doré, avec reliefs représentant Bacchus et des Bacchantes.

613. Un Coffret bysantin, bien conservé.

614. Deux figures accroupies, en argent. L'une représente une femme égyptienne, et l'autre une chinoise.

615. L'Amour faisant le signe de *garde à vous*, en bronze. — Socle en bois noir.

616. Un Taureau. — Bronze florentin. — Socle en bois.

617. Cheval romain. — *Idem*. — *Idem*.

618. Bas-Relief en bronze, représentant la Misère. — Cadre en bois doré.

619. *Idem*, en cuivre bronzé, représentant saint Jérôme en prière. — Cadre doré, bois sculpté.

620. Bas-Relief en cuivre doré. — Diane partant pour la chasse. — Cadre en bois d'ébène.

621. *Idem, idem.* — Hercule et Apollon. — Cadre en bois noir.

622. *Idem, idem.* — Cérès entourée de deux Amours. — Cadre en bois noir.

623. Deux Médaillons en cuivre doré, représentant, l'un la Vierge et l'Enfant Jésus, et l'autre la Fuite en Egypte. — Cadre d'ébène. (Ils font pendant.)

624. Bas-Relief en cuivre doré, représentant la Vierge et l'Enfant Jésus, entourés par les anges. — Cadre noir, sous verre.

625. Bas-Relief en cuivre doré, représentant la Cène. — Cadre noir surmonté d'une couronne.

626. *Idem, idem,* représentant le martyre de saint Etienne. — Cadre en écaille.

627. Bas-reliefs. — Deux pendants en cuivre doré : l'un représente l'Annonciation, et l'autre la Visitation. — Cadre en bois noir, orné de cuivre.

628. Deux cadres, représentant des danseurs africains. — Fond en étain, bordure en cuivre.

629. Le bouclier d'Achille, en cuivre bronzé.

630. Bas-relief rond, représentant l'Adoration des Bergers. — Cuivre peint en couleur bronze.

631. Bas-relief rond, représentant la famille de Charles IV, roi d'Espagne. — Cuivre bronzé.

632. Bas-relief, forme ovale. — Notre-Seigneur. — Cuivre bronzé.

633. Un médaillon. — Philippe-Egalité, duc d'Orléans. — *Idem.*

634. *Idem.* — Le Christ au Roseau. — Cuivre doré.

635. *Idem.* — La Mise au Tombeau. — Cuivre bronzé.

636. *Idem.* — Saint Pierre en prière. — Cuivre doré.

637. *Idem.* — La fille de Cagliostro. — Bronze.

638. *Idem.* — Combat de Taureaux. — Cuivre bronzé.

639. *Idem.* — La Vierge, l'Enfant Jésus et Saint Jean. — *Idem.*

640. *Idem.* — Saint Thomas et saint Dominique. — *Idem.*

641. **Médaillon** en argent. — Baptême de Louis XIV.
642. **Bas-relief**, représentant une Vierge.—Cuivre doré.
643. **Vierge** en relief.—Cuivre doré et ciselé.
644. **Bas-relief** : un homme à genoux aux pieds d'une femme. — Cuivre doré.
645. **Buste** en relief : saint Pierre.—*Idem.*
646. **Deux médaillons** faisant pendant : Henri IV et Louis XIV. — Cuivre doré.
647. **Tryptique**, représentant différents sujets de sainteté. — Cuivre doré, fond émaillé.
648. **Ancien fermoir** d'un manuscrit ; sujet religieux.—*Idem, idem.*
649. **Bas-relief** ; sujet tiré de l'Ecriture-Sainte. — Cuivre.
650. **Bas-relief** : un trophée d'armes auquel sont adossées deux figures représentant deux nations enchaînées. — Bronze.
651. Deux Chandeliers en cuivre doré. (Louis XV.)

MARBRES, ALBATRES, SARDOINES ET PIERRES DIVERSES.

652. **Bouquet** de fleurs, composé de marbre et pierres précieuses ; le tout en relief, posé dans un cadre enrichi de cuivre doré.
653. **Deux médaillons**, sur fond albâtre, représentant deux Empereurs romains.—Sardoine.
654. *Idem*, fond noir, représentant deux Empereurs romains. — Marbre.
655. *Idem, idem*, représentant Antoine et Cléopâtre ; bordure en cuivre doré.—*Idem.*
656. Dans un cadre en bois sculpté et doré, sont représentés : Auguste ; — Domitien ; — Homère et l'Arioste. — *Idem.*
657. **Médaillon** ; buste en marbre blanc.

658. Médaillon ; buste de Notre-Seigneur, en marbre couleur chair, sur un fond ardoise.—Le sculpteur a signé : Joseph Christen Bildhauer.

659. Bas-relief en marbre blanc, où sont représentés : Saint Rémi, avec ses cinq enfants, pleurant aux pieds du tombeau de leur femme et mère.—Cadre orné de cuivre doré.

660. Buste de l'empereur Néron.—Marbre blanc.

661. Deux bustes d'homme, faisant pendant. — Bordure en cuivre doré. (Turquoise.)

662. Buste en relief d'un homme.—Stuc.

663. Buste d'homme, entouré d'un médaillon, avec ornements en cuivre sculpté et doré.—Beau marbre blanc.

664. Vue en relief de la Tour de la cathédrale de Pise.—Albâtre.

665. Deux beaux enfants, représentant, l'un la Lecture, et l'autre l'Écriture. — Statuettes en albâtre ; socles en stuc. (Ils font pendant.)

666. Un Bain en marbre rougeâtre, monté sur des pieds en cuivre doré ; socle en marbre gris.

667. Un Mandarin, pierre de Lard.

668. Un vieux Chinois, *idem*.

669. Groupe de singes, *idem*.

670. Un Chinois, *idem*.

671. Un Chinois couché, *idem*.

672. Statuette chinoise, *idem*.

673. Grotte chinoise, *idem*.

674. Paysage en relief, *idem*.

675. Paysage en relief, *idem*.

676. Groupe de singes, *idem*.

677. Une Pipe égyptienne, avec figures, basalte.

678. Cachet sculpté, porphyre.

679. Bas-Relief dans un cadre en bois sculpté et doré, représentant la Résurrection. — Cet objet mérite une attention toute particulière. (Albâtre.)

680. Bas-Relief, cadre doré. — SAINT JEAN-BAPTISTE. (Albâtre).
681. *Idem, idem.* — LA RÉSURRECTION. (*Idem.*)
682. *Idem, idem.* — L'ENFANT JÉSUS debout, auprès de la Vierge, présente des fruits à SAINTE ELISABETH. (*Idem.*)
683. *Idem, idem.* — LA RÉDEMPTION. (*Idem.*)
684. *Idem, idem.* — LA FLAGELLATION. (*Idem.*)
685. *Idem.* Dans un cadre enrichi de marqueterie, bordé de cuivre doré, surmonté d'une couronne, sont placés trois Enfants en relief, faisant la lecture. (*Idem.*)
686. *Idem*—MUCIUS-SCÆVOLA—où l'on voit un grand nombre de Romains. Le tout est parfaitement sculpté. — Cadre en ébène avec sculptures.—Ce bas-relief est admirable par son exécution. (Marbre blanc.)
687. *Idem.* — HERCULE terrassant l'Hydre de l'Erne. — Cadre en ébène. (*Idem.*)
688. *Idem.* — LA RENOMMÉE. (*Idem.*)
689. Une belle Coupe en albâtre, montée sur un socle.
690. BUSTE en relief de Guillaume-Tell, dans un cadre en cuivre doré. (Médaillon.)
691. *Idem* d'une femme, dans un cadre en cuivre doré. (*Idem.*)

ARMES ET ARMURES.

692. Un beau Fusil arabe ; garniture en argent.
693. Une Espingole, canon en cuivre, prise en 1793 par l'équipage de la *Bayonnaise*, capitaine Richer, à bord du navire anglais l'*Embuscade*.
694. Epée du temps des Croisades.
695. Une autre Epée. (XVe siècle.)
696. *Idem* en acier. (Sous Louis XV.)
697. *Idem*, *idem*. (*Idem.*)

698. Une Hachette du temps des Croisades.
699. *Idem*, *idem*, damasquinée.
700. Un Cric Malais, avec son étui.
701. Poignard turc ; manche en argent ciselé.
702. Hache Celtique, en bronze.
703. Un Poignard. (XVe siècle.)
704. Stylet avec fourreau damasquiné.
705. *Idem* avec rainures.
706. Epée de chevalier.

MEUBLES ET OBJETS DIVERS.

707. Une Armoire en ébène garnie et incrustée de cuivre. Sur les portes sont attachées quatre figures allégoriques, représentant les Quatre-Saisons. — Cuivre doré.

708. Deux armoires en ébène, vitrées, incrustations en étain et garnitures en cuivre doré.

Ces trois meubles ont appartenu à Mme de Pompadour.

709. Une belle Table en ébène, incrustations et garnitures en cuivre doré. (Louis XIII.)

710. Chiffonnier en marqueterie, garniture en cuivre doré. — Ce petit meuble est très-gracieux.

711. Une belle Console en bois sculpté, parfaitement dorée, couverte de son marbre. (Louis XIV.)

712. Une belle Glace de Venise, avec garniture en cuivre doré.

713. Une Pendule en ébène avec son cul de lampe, incrustations et garniture en cuivre doré. Elle est surmontée d'une statuette en cuivre doré, représentant un fauconnier. (Louis XIV.)

714. Une petite Bibliothèque Louis XV, en marqueterie.

715. Une Armoire vitrée, en bois noir, garnitures en cuivre doré.

716. Buffet en bois de rose, couvert de son marbre, belle garniture en cuivre doré. (Louis XV.)

717. Deux fauteuils Louis XVI, dorés, garnis de leurs coussins.

718. Bahut en bois sculpté, avec un grand nombre de figures, monté sur sa console. (Henri II.)

719. Une petite Glace de Venise, garnie de cuivre.

720. Une Pendule en écaille, posée sur son socle, garniture en cuivre doré, surmontée de deux enfants. (Louis XIV.)

721. Une Tour en bois, avec étages soutenus par des colonnes où sont placés les insignes de la Passion ; une croix surmonte le sommet.

722. Un Bénitier, même travail que le précédent ; un dais, forme dôme, surmonte le sommet.

Ces deux objets d'art sont d'un grand travail. Ils sont posés sous verre.

723. Sous ce numéro seront vendus les divers objets non compris au présent Catalogue.

MÉDAILLES D'OR, D'ARGENT ET DE BRONZE.

Il ne sera pas fait de désignation de ces Médailles, qui sont au nombre de deux cents au moins, par le motif que cela prolongerait le Catalogue, qui est assez volumineux. Il y en a plusieurs d'assez remarquables et rares, notamment celle qui représente le mariage de Henri IV et de Marie de Médicis. Elle est en argent, grand modèle.

COQUILLES.

Même observation que celle qui précède.

Caen. — Imprimerie Delos, cour de la Monnaie.

www.ingramcontent.com/pod-product-compliance
Ingram Content Group UK Ltd.
Pitfield, Milton Keynes, MK11 3LW, UK
UKHW021120230726
13926UKWH00002B/567

9 782014 050929